JN441121

붉어지는 것들

정관웅 시집

시와 사람

붉어지는 것들

2025년 12월 25일 인쇄
2025년 12월 31일 발행

지은이 정관웅

펴낸이 강경호 편집장 강나루 디자인 정찬애
펴낸곳 도서출판 시와사람
등록 1994년 6월 10일 제 05-01-0155호
주소 광주시 동구 양림로119번길 21-1(학동)
전화 (062)224-5319 E-mail jcapoet@hanmail.net

ISBN 978-89-5665-810-0 03810

값 12,000원

*잘못된 책은 구입하신 서점에서 바꾸어 드립니다.
*지은이와의 협의로 인지를 붙이지 않습니다.
*이 책은 전라남도, (재)전라남도문화재단의 후원을 받아 발간되었습니다.

이 도서의 국립중앙도서관 출판예정도서목록(CIP)은
서지정보유통지원시스템 홈페이지(http://seoji.nl.go.kr)와
국가자료종합목록 구축시스템(http://kolis-net.nl.go.kr)에서
이용하실 수 있습니다.

붉어지는 것들

■ 시인의 말

시는 늘 나와 함께 하였다
눈빛 하나로 자연의 숨 쉼을 찾아내고
가슴 속에서는 향기로운 세계를 구축한다

굳게 믿는 마음속에서
내일이 오기 전에
생각을 찢고, 더욱 빛나는 시간을
만들어 낼 것을
가슴으로 들으며
이 길을 가는 중이다.

2025년 12월
정관웅

붉어지는 것들 / 차례

ㅁ시인의 말 · 6

제1부 초승달

16 초승달
17 야생화
18 꽃의 발견
19 그늘
20 붉어지는 것들
21 비의 맛
22 손가락 접시꽃
24 꽃의 내면
25 어둠이 밀려오며 더 빛나는 바다
26 붉은 꽃
28 하얀 민들레
29 새우란
30 산문산 진달래
31 여운

동백꽃 32
노을이 주는 주소는 깊다 34
덜어냄으로 36
가만히 머무는 것들 38
오늘 40

제2부 숲의 요정

숲의 요정 42
접시꽃 유월 43
담쟁이 44
쏟아지는 잠 46
중심 48
시인의 자리 49
마침내 50
기억 속 미소 51
시인 52
날씨의 그리움 54
섬의 길 55
남겨둔 온도 56

57 사진 한 장
58 그 여름
60 눈 위의 시선
62 풀잎의 소리
64 빛, 한 조각
65 가을의 이름 속에서
66 가슴
67 입술
68 꽃살문

제3부 풍경

70 풍경
71 연
72 몽돌해변
73 가우도
74 신호등에 그리고 신호등에
76 새만금 수평선
77 몸이 깊어진 시간
78 같이 서 있던 언어

생명체 80
노란 그리움 81
정전기 82
흔적 83
커피숍 84
바다의 빛 장보고 86
참치 통조림 88
조립 89
덜어냄으로 90
일 년에 한 번 91
쌓아 올린 시작점 92

제4부 여행자의 성

여행자의 성 96
뱃길 97
나뭇가지 끝의 잎 하나 98
새의 소리 100
밤의 소리 102
소리를 본다 103

104 판소리
105 끝나지 않는 색
106 겨울의 그림
108 차창 밖의 그림
109 속삭이는 그림
110 먹을 갈다
111 여운
112 그려내는 비
113 흔적
114 하루 목적지
116 침묵은 용서받지 못한다
118 발자국
119 손끝의 표현
120 곁에

작품론
121 사람의 마음이 머물다 간 자리들 / 강경호

붉어지는 것들

제1부

초승달

초승달

앓고 있는 건 이름뿐만이 아니다
묻어온 시선도 있다

말이 되지 못한
한숨 같은 처녀 초승달 하나
내 가슴 깊은 곳으로 지나간 흔적 속에
홍역의 상처로 붉은 연꽃 한 송이 피었다

정한수처럼 가느다랗게 떨며
달빛에 젖은 눈물로 몸을 녹이는 시간
한 손은 땅을 쓰다듬고
다른 손은 허공의 문을 어루만지는
관음의 손들이
아린 땅의 발자국 위로
새벽빛을 속삭이며 만지고 있다

야생화

겨울옷 벗고
봄 물방울 사이로 걸어온,
처음부터 그런 빛
그런 몸
햇빛 내려앉아 바라보니
너의 얼굴
세상 모든 그리움

꽃의 발견

이웃들이 이사를 간다
봄은 재개발 될 수 없는 가난을 짊어지고
어디론가 또 떠나고 있다

조금 더 넓은 평수 집을 찾아
마음 생각들이 화분처럼 널려있다
꽃을 먹여 키워 가는 건
밥이 아니라 몸으로 익혀낸 발자국들이
마음을 두들겨 뱉어낸 꽃들이다
오늘도, 내일도
버리는 것보다 버려지는 것이 죄가 되는
하늘 아래 그림들만 춤추고 있다

그늘

그늘

그 그늘의 그림자

빛이 오면 사라지는 것

빛의 속에 세들어 사는 것

빈 들의 허수아비

붉어지는 것들

조용히 붉어지는 것들은
대부분
떨어질 때 비로소 이름을 얻는다

빛도
숨을 고르는 순간
작은 꽃잎이 된다

나는
지나쳐 온 것들의 가장자리에서
늦게야
내 그림자를 만진다

비의 맛

여름비, 사방 꽉 막힌 폭우다

내 속살이 움직이고
차는 자기 몸 하나 감당하지 못한다
마음이 흔들려가고
간절한 기다림의 꿈은 사라질지 모른다

어느 기사에도 이름은커녕 쓸려 죽은
숫자도 나오지 않는 한 서린 들꽃이 될 수도 있다

착한 손길이 물꼬를 돌렸는지
구름이 불안을 내려놓고 그제야 몸을 풀었다

순간접착제를 붙였다 뜯어낸 것처럼
비의 맛을 주었다

손가락 접시꽃

맑은 바람결에 접시꽃이 흔들려
진홍빛 그 모습 그렸던 아침이 있었다

새벽에 일어나 보리를 방아 찧어 밥솥에 삶아서
소쿠리에 퍼담아 걸어두었다. 일은 거기서 다시 시작되었다
김을 파래와 구별하여 놓아두는 일이 시작된다
손길은 얼음으로 동여맨 매서운 바람이다
아침이 오기도 전에 바다로, 들로 발길이 멈추는 일이 없다
때로는 수많은 수면이 필요했지만 그렇지 못했다
외동딸로 태어나 결혼을 하여
시할아버지, 시부모님, 시동생 칠 남매
그리고 이어지는 세월 속에 일곱이나 되는 아들과 딸을 키우는
장남 가족의 큰며느리의 역할이었다
언제나 시간이 똑똑 떨어져 밤이슬이 되어도
이랑 길에 어두운 그림자로 움직이고 있었다

어느 날 침상에 누워서 움직이지 못하고

앙상한 몸에는 잔주름으로 쌓여있다 가죽만 있는 모습은
어두운 그림자로 참새 깃털 같은 이불 하나 간신히 덮혀 있다
누군가의 옛 추억들을 읽어가는 모습에는
기러기의 울음소리로 가득하다
산소 호흡기만 소리 내어 공기를 흔들고 빛은 떨어져가고
젊었을 때 모습은 그곳에 없다. 분명 있었던 모습은 볼 수가 없다
성스러운 마음으로 피우던 접시꽃은 이제 그 접시꽃이 아니었다
양지바른 곳에서는 로제트 상태로 겨울을 견디어 내고
이듬해 무성하게 줄기를 곧게 뻗어 잎사귀 사이에서
꽃을 피웠던 꽃이 아니었다

코로 음식을 먹는, 뼈로만 그려진 어머니는 느린 손가락으로
시간을 놓으려 만지고 있다
손가락 접시꽃은

꽃의 내면

검은 바닥 위
점 하나 흔들림

흩어진 원(圓)
가벼운 그림자 밀려난다

낮게 깔린 공기 속에서
불꽃의 마지막 호흡이
얼음처럼 식어간다

그 잿빛 틈새에서
늦게 피어오르는 붉음은
아무에게도 기울지 않는
내면의 동백꽃 같다

어둠이 밀려오며 더 빛나는 바다

나의 완성은 이렇다 말한다

다녀간 흔적을 또렷이 하자고
혀도 없고 말도 없는 침묵처럼
산과 산 사이를 지나 수평선에서
바라보는 마음도 마음이라고
드넓은 갯벌위를 잔물결로 재우며 웃고있다

봐라, 언젠가 그 모습처럼
붉은선 저고리에 두 개에서 세 개로
증식된 얼굴

잔물결 능선으로 오늘의 믿음을
키우면서 몸으로 말한 사랑을

바닷새가 고개를 들고 눈이 붉게 물들며 바라본다
어둠이 밀려오며 더 빛나는 바다를

붉은 꽃

공원 오솔길에 붉은 철쭉과 허공에 올려놓은
냉이꽃들이 숨겨놓은 마음을 일으킨다
봄까치꽃마저 같은 마음이다
그 오랜 시간의 햇빛이
기억의 스위치를 눌렀던 것이다

머지않아 백일홍 나무도 공중에 수많은
분홍의 사랑을 심겠지
저기 누워있는 그녀의 주변 풀빛들이
그림의 형식을 빌려 같은 마음에 이르겠다
분홍의 감정을 멈추지 못하고
바라보는 꽃에서도 그리움 이는 소리 슬프다

시작과 끝을 어림할 수 없지만
나는 하루의 길 위에서
황혼처럼 마음소리 불그스레 번질 때
이매창의 기억을 적시며
침묵과 음악 사이에서 연주를 한다

살아가는 일들은, 환상은 짧고 괴롭고 속절없는

마음은 긴지 모를 일이라고 하지만
바람결에 흔들리는 마음은
수줍은 네 피에 적셔 입술은 붉은 꽃이 된다

하얀 민들레

새로운 피로 수혈해서
내 마음도 하얗게 변했습니다

그렇게 서먹서먹했던
당신과의 만남도 이제는
소통이 되도록 하겠습니다

내가 먼저 말을 걸어서
관계의 문을 열겠습니다

살아가는 일들이 다 축복이라는 생각에
매일 웃음꽃을 피우겠습니다

새우란

낡은 집 책상 위에 난초 화분이 놓여 있다
쓰임새를 다한 빈 약봉지의 입에
푸른 기운이 가득 감돌고 있다

시골 노인 방안의 모습에서
난잎을 바라보고 있자니 약봉지만도 못하는
내 마음에 난 한 촉을 키우고 싶다

거품 같은 생각이 꺼질까 봐 시들기 전
이파리 넓은 새우란을 담고 싶다

눈빛을 달고 간 그곳에서
내가 지지한 공간이 허물어지지 않게
눈길과 눈길 사이에 꽃대 밀어 올린다

고양이 마음이 그곳에 박히고
온몸에 풍겨오는 향냄새
덮쳐오는 풍경

나는 새로운 촉이 된다

산문산 진달래

내가 사랑했던 자리마다
아프게 된다는 것도 몰랐다
높은 산으로 올라
바다에게 묻는다
꽃잎은 머무름으로 삶을 기록하는 것이냐고

세상에 가장 쓸쓸한 바람이
분홍빛 가슴을 스치고 지나간다
나는 산문산 자리에 그리움을 뿌리고
슬픔처럼 싱그러운 기다림에 뿌리내린다

서쪽으로 흐르는 노을이 수면 위에 떠 있고
늙은 남자가 혼자 밥을 먹을 때
가슴 한켠에서 울컥 솟는 것처럼
완도 약산 진달래꽃 이슬이 번진다

발길의 소리조차 남지 않고
쓰고 지우고 붙이지 못한 마음만 남아
어쩌면 바다가
숨죽인 슬픔을 손끝으로 어루만질지도 모른다
나는 눈으로 수평선의 그림자만 좇는다

여운

여름꽃 하나 바라보다
달까지 캄캄해졌다
감추어 두었던 눈먼 고독이 찾아온 것이다
그의 말이 웃음처럼 번져 눈을 감지 못했지만
몸이 무거워 날 수 없다는 것을 몰랐다
여름 속에 들어온 푸름이 아니라
풀잎이 흔들리는 기억의 소리만 들린다

그와
나
함께 접혀버린 시간을 찾아 걸었던 몸짓
시계를 다시 맞추지 않아도 되었다
팔월의 햇빛 속으로 여운은 계속되고
그렇게 자귀나무꽃이 되었다

동백꽃

나는 왜 다음 생각에 닿지 못했을까
어둠의 안쪽에서 한 번 더 번지는 빛
그 끝을 오래 바라보지 못한 채

동백은 가지보다 떨어져 더 붉다
땅에 닿는 순간의 둔탁한 숨
바람이 지나가며 남기는
작은 금속성의 떨림
그곳에서 비로소 색이 깊어진다

불꽃은 사라질 때 꽃이 된다
타오르다 남긴 가벼운 재의 냄새
눈꺼풀에 내려앉는 열의 잔광

나는 눈썹 끝의 시선으로만
세상을 지나왔다
표면을 스치는 소리들
쉽게 증발하는 말들
내 안의 그림자를 외면하며
그러나 내려앉은 침묵 속에서

무언가 늦게 피어오른다
빛보다 느리고
색보다 뜨겁게

나를 대신해 붉어지는 것 하나

노을이 주는 주소는 깊다

가로등 불빛들이 서있다
그 사이로 얼굴과 음성이 오간다
오늘은 마음이 엎질러져
서로의 흔들림으로 혼돈의 시간이 머물렀다

말의 서랍이 열리고 이해의 가락이
가슴으로 밀려왔다
불확실성을 탐지하고
마음은 늘어뜨린 끈
그 끝에 온몸이 매달려 흔들린다

우리는 우리를 끌고 가는
터질 듯 팽팽한 시간에서
마음의 자리를 따뜻한 손길로 만진다

가슴이 울컥거리고
우연이 아니라고 부르짖던 시간을 찾는다

생각해 보면 누구의 잘못도 아니다
온몸으로 밀고 간 생의 표현이다

그녀가 눈가를 훔치는 방울소리는 들리지 않지만 슬프다

노을이 주는 주소는 깊다

덜어냄으로

모험을 걷는다
발바닥에 스며드는 흙과 바람
순환하는 길 위에서
조용히 무거움을 덜어낸다

한 걸음 한 걸음
마음의 짐이 풀려
빛과 그림자 사이로 스며든다

떠나는 여행은
지속 가능한 속삭임
나무의 숨결, 물의 흐름
모든 것이 스며드는 자리

그리고
눈부시게 피어나는 순간
내 안의 작은 꽃들이
햇살을 받아 흔들리는 자리

덜어냄으로

내 안의 길이 열리고
나는 다시
조용히 빛난다

가만히 머무는 것들

어디선가 떨어진 작은 빛 한 조각이
내 책상 위에 먼저 도착한다
그 밝음은 누구의 것도 아니어서
나는 잠시 그것을 바라보는 일만을 허락받는다
말하려는 순간마다
혀끝에 닿지 못한 낱말들은
습기처럼 번졌다가
방 한가운데 투명한 구름이 되어 떠오른다
나는 그 구름에 손을 넣어
어떤 문장의 흔적이라도 붙잡아 보려 하지만
손가락 사이로 빠져나간 것들은
아무 소리도 남기지 않는다

오래 접어 두었던 마음의 종이는
이미 가장자리부터 스스로 휘어져
누가 읽어주기를 기다리는 기척만 남았는데
그마저 바람이 훑고 지나가
모퉁이에서 가볍게 떨린다
그래도 나는 오늘도 한 줄을 쓴다.

형태를 가지지 못한 그림자들,
이름을 갖지 않은 감정들
내 안에서 울고 다시 사라지는 것들이
잠시 머물다 갈 자리를 마련해 주듯이.
만약 이 문장이 나를 떠나
누군가의 침묵 한 편에 닿을 수 있다면
그 순간만큼은
나의 말도 세상에 머무는 법을
조금은 배울 것이라 믿으면서

오늘

당신과 함께 했다

마음은 어제 스케치를 하고
오늘 그 스케치 위에 채색을 했다

병원을 함께 가고
열차를 타고

속삭이는 그림 속에는
하루치의 따뜻한 손길이 숨 쉬었다

오래가는 벽화처럼

제2부

숲의 요정

숲의 요정

낮과 밤이 스치는 길
그 틈을 지난다

초록 깊은 나무의 숨에 앉아
마음에 연분홍이 번진다

가는 곳마다 이름 위에
또 다른 이름이 돋고

자귀나무꽃
숲이 감춘 얼굴 하나

접시꽃 유월

너의 얼굴은 지워지지 않는다

어둠의 별처럼, 아침의 햇살처럼

눈을 감아도 드러나고
드러나 있어도 다시 보인다

늘 거울을 만들어 놓고
무지개를 그리고 있다

단 한 번,
파도치는 날을 그리고 있다

담쟁이

가끔 여행 가방을 끌고 들어온다
어제와 오늘 사이, 이름을 알 수 없는 시간은
아침과 저녁을 끌어안았다가 흘려보낸다

마음속 옛 집
이끼 낀 담장 위로 잠든 기억
술기 가득한 남녀가 사립문을 열고
되돌아온 발자국 속
고양이는 눈 크게 뜨고 훔쳐본다

개는 개대로 자리를 잡고
경계심의 긴장감은 벽돌과 담을 스치며 흘러간다
담 위를 마다하고 영역을 넓히려는
넝쿨의 모험은 생각치 않은 성장이
불꽃처럼 사라지지 않고
지구 위를 꿈틀거린다

묻지 않는다
몇 평인지, 얼마만큼의 시간을 넓혀가는지
만년설 덮인 산맥에 올라가는 기세로

줄기와 잎을 뻗는다
술에 시든 관광객의 발끝을 타고 오르는
담쟁이의 모험이 될 수 있다

한때 사랑의 소리로 가득했던 집,
사람들이 듣지 못할 만큼 낮은 속삭임만
공간을 떠돈다

아침 눈을 비비며 여행 가방을 끌고
사립문을 나선 뒤
담벽 나뭇가지 위에 앉은 소쩍새 울음
환청처럼 귀에 담는다

쏟아지는 잠

차를 타는 잠과 눈이 서로를 밀어낸다
비가 시간의 틈으로 흘러내린다
가리지 않고 아무렇게나
손톱처럼 까만 유리창 사이로 스며드는 밤

유리 틈
악어의 시커멓게 벌린 입, 입처럼
작게, 선명한 울림 속에서
새어 나오는 소리

신호등 앞에 멈춘 밤
눈의 그림자가 잠깐 흔들리고
나뭇잎이 내려앉는다
잠은 다시
움직이지 않는 몸 위로 스며든다

무의식이 숨 쉬고
부재한 누군가의 잠이
의식 속 노래와 섞인다

차를 타는 잠
이미 잠든 밤의 한가운데에서
멈출 수 없는 어둠의 강
마치 기억이 물결처럼 겹겹이 쌓이는 곳

중심

들릴 듯 말 듯
흔들리는 바람의 칼날

줄타는 발이
낯선 균형 위에서 흔들린다

우리의 뿌리가
바람과 줄의 교차점에서
일어나지 않았을까

가다가도 몇 번은
서서 잠든 나무의 심장처럼
숨을 고르게 해야 한다

빈 줄의 힘이
몸의 중심을 꿰뚫는다

시인의 자리

전설처럼 열리길 바랐던
붉은 열매
손끝에서 점이 되고
냄새처럼 사라진다

해의 자리조차 허기져
흰 구름만 가볍게 달라붙어
살며시 흘러간다

핏줄 위로 날아간 낱말 종이
발길에 눌려 구겨지고
조용히 사라진다

남는 건
그냥
그 자리
숨죽인 허공 속의 잔상

마침내

이차선 아스발트
아래쪽 지하 수로
복잡한 전깃줄 비껴 넓혀간 통로에
각목과 각목 사이
서있는 은행나무

굵은 몸에 프랑카드 묶어두고
가는 사람 바라보게 하지만
허리에 버팀목 대신 쇠파이프 재갈이라

한없는 마음길
어디에 두고 볼까
실뿌리 썩어 들어 새순마저 꺾이는
이 세상 깃발 드는 자
어떻게 할까요

떨리며 힘주어 움켜쥔 몽둥이
실핏줄 계곡마다 피멍이 들어서고
수많은 새소리 울음 온몸을 닦는다

기억 속 미소

하얀 눈 위, 시선이 떠돈다

차창 밖 바퀴와 바람이 스민다

쌓이는 하루, 기억 속 미소
햇살처럼 마음에 내려앉는다

허공을 향해 문을 열어놓는 바람에도
고요 속 행복이 두터워진다

눈과 바람 그리고 우리
모든 순간이 은빛으로 번진다

시인

앵두로, 살구로 환히 열렸으면 좋으련만
말들은 언제나 몇 개의 점처럼
바람처럼 사라져 버린다

해 뜨는 자리의 소유권조차 쥐지 못해
아침은 늘 빈 손으로 찾아오고
나는 그 빈자리에 허기를 쑤셔 넣는다

흰 구름은 아무 말 없이 흐르며
내가 잃어버린 문장 위를 한 번도
걸어 본 적 없는 길처럼 넘나들고
핏줄이 만든 오래된 통로 위로 날아오르다

멈춘 낱말의 종이는
사람들의 무심한 발끝에 밟혀
종잇장보다 얇은 생의 소리를 낸다
나는 가끔 생각한다
시란
손에 쥘 수 없는 것들
구름의 그림자, 빛의 옆구리

스스로도 설명할 수 없는 내 안의 상처 같은 것들이
잠시 형태를 만드는 일일지도 모른다
그렇게 하여 남는 것은 찬란함도
거대한 의미도 아닌 누군가의 마음이 머물다 간
그런 자리 하나뿐
그 자리에서 다시 태어난 말들은
떠나간 뒤에도

한동안 세상에 머물러 울릴 것만 같아
나는 오늘도 하얀 백지 앞에 앉는다

날씨의 그리움

날씨와 나
좋았다 열을 냈다 자기 기분이다

심통이 풀리면 내게 이야기를 건넨다
날씨와 나와 둘만 만난다

날씨에 따라 옷을 갈아입는다
어떤 신발 신을까, 무엇을 먹을까

날씨는 오늘 아침 화가 많더니 눈가에 이슬이 생겼다
나는 심장이 흔들려 가엽다

화의 날과 비의 날이 동시에 오면 기분이 좋은 날
얼굴에 화색이 돌고 함께 비를 증식하며 집을 나선다

오늘도 연분홍으로 불꽃놀이 하고 있다

섬의 길

투명수채화 속을 거니는 늙은 배처럼
자꾸 무거워져 간 시간이다

바람에 시달리는 나뭇잎이
빈 가지만 있을 것 같지만
그는 흔들리고 있을 뿐이다
바라보는 눈빛은
자기 내면에 자신감이 있기에
바닷속을 뚫고 나온다

어둠은 너무 맑아서
보지 말라는 것까지 보여주고
낮은 너무 밝아서
보이지 않는 그늘까지 보여준다

수많은 태풍이 지나쳤지만
중년에 혼자가 된 어머니가
홀로 집을 지키는 것처럼
저녁노을에 붉게 물들어 있는 자리에서
그의 홀로 선 세월을 본다

남겨둔 온도

떨어진 적 없는 꽃도
안쪽에서 먼저 젖는다

식은 빛 사이를 지나며
나는
내가 남겨둔 온도를 뒤늦게 발견한다

사진 한 장

손, 찰칵 소리로 간다
하얀 구름 속에서 빛난다

손끝의 표현은
마음 한편에 있는 그늘이다
평생 짊어지고 가는 흔적의 꽃이다

마음이 손끝으로 전하는 감각은
길을 열어주는 발자국이다
비록 사람들의 눈에서 추락하는 방패연과 같지만
그 생의 모습에서 오는 그려진 흔적이다

마음이 지나간 길은
구멍 뚫린 사이로 빛이 모인 시간 안에서
움직일 때마다 오는 탈출구
사진 한 장

그 여름

의자에 쪼그리고 앉게 했다

동대문 지하상가를
손을 잡고 밀착된 통로를 지나가고
지나오는 삶의 흔적을 그렸다
혈관에서 숨을 불어넣는 끊임없음이 좋았다
처음의 처음까지
그녀와의 부둥켜안는 시간의 핏줄이었다

옷을 건져 올리고 또 바라보았다
눈에 밟힌 옷을 사라고 하고 사지 않겠다고
줄다리기를 하였다
계단 아래에서 국수를 파는 모습이 눈에 들어왔다
청춘은 그곳을 그냥 지날 수 없었다
들고 다닌 짐도 놓을 수 없는 공간에서
몸을 가까이에 서로에게 숨을 쉬며
그곳은 국수가락으로 우리를 묶어두었다
청춘이 뿌려둔 사랑의 씨앗과 구근들이
꽃을 피워 국수 가락을 타고 올라왔다

무슨 뜨거운 것을 받아들고 있는 정열
아무것 없어도 아름다운 것
생각은 그것만으로도 참으로 예쁜 것이다
두 마음이 하나의 빛으로 이루어지고
그렇게 그 여름은 의자에 앉게 했다

눈 위의 시선

끝없이 몰려오는 하루에는 하얀빛이 쌓여간다
길의 이름 위에서 바득거리며 움직이는 바퀴는
땅바닥으로 머리를 밀어대며
얼굴이 남지 않는 그림을 그린다

차장 밖을 바라보지만 시야가 보일 듯 말 듯한
겨울의 깊은 눈 속에서 웃고 있다
걱정이 없어 보인다
차라리 쌓여가는 눈 속에
세들어 살면 좋겠다

그녀의 눈에 겨울 깊은 눈이 들어와 앉을 때
서로를 바라보며 웃고 있다
바람이 하얀 억새꽃으로 얼굴을 쓰다듬는다
나뭇잎 하나가 허공을 맴돌며 창문으로 들어와
관람자가 된다

온통 은세계로 바뀐 자리는 소리 없이
겹쳐져 두께를 더하고 있다
어둠이 밀려오는 듯하지만

차는 계속 움직이고 있다
차 안의 미소는 서로의 마음이 따뜻한 햇빛이다

시간의 파도에서 밀려갔다가
끊임 없이 기억의 눈길로 돌아와
눈 위의 시선으로 행복을 담는다

풀잎의 소리

돌 틈 초록의 빛나는 칼날이다
햇살 한 줌에도 번뜩인다
발길이 쏟아지고 바람이 등을 꺾어도
잎맥마다 붉은 마음을 그린다

들어와서 내가 본 세상이지만
차고 맑은 새벽길을 거느리고
작음 속에서도 손을 놓지 않고
뿌리 속에 태풍이 잠든다

나는 지구의 뼈가 발린다 해도 꽃을 피우리
돌과 흙과 어둠을 삼키고
바람 속에 숨은 심장을 흔든다
작은 잎 하나 한자리에서 세상을 향한 외침

내 몸속에서 불타는 변혁의 꿈은
심장마다 폭풍으로 가득 차고
눈부신 초록의 빛으로 살아있다

살아남는다

반격한다
믿음으로 믿는다

빛, 한 조각

손끝, 미세한 떨림
혹은 시작되던 무언가의 잔상
말보다 먼저 떨어지는 마음

구름 사이 얇은 빛, 나를 건드린다
구름이 무너지고
그 틈에서만 빛이 잠시 숨을 턴다

그늘이 피어난다
꽃인지 상처인지 아직 모른다
발자국은 오지 않은 나의 과거

허공을 짚고 내려오는 마음 하나
나의 형태를 찾는다

구멍 난 시간 속의 빛이 잠시 머문다

사진 한 장,
그리고 조용히 나

가을의 이름 속에서

끝없이 되풀이되는 시간의 흐름 속에서
사랑을 놓지 못한 눈의 입체는
잠들지 못한 빛의 결 속에서
어딘가 고여 있으나 흐르고 있는
숨결의 순환을 비추어 보여준다

오랜 시간 스스로를 선택해온 파문의 여정
혈관 깊은 곳에서 되뇌다가
마침내 입 밖으로 흘러나온 생명의 울음은
천태산을 지탱해온 오래된 은행나무
노란 심장으로 이어진다

시간을 달여 황금빛으로 우려낸 계절
그 위에 내려앉은 마음 또한
떨어질 듯 흔들리면서도
아직 떠나지 못한 잎사귀처럼
가을의 이름에 오래 머문다

가슴

붉은 입술로
웃는 모습을 보면

눈은 넋을 놓고 있다

살아 움직이는 모든 혈관은

내 가슴
입술이 된다

입술

마음을 일으킨다

그대 숨결이 스며든다

파란 하늘이 변하고
발끝에서 옮겨가는 정열

달콤새큼함도
모른 채 포개지는

흐르는 것에 이유가 없다

꽃살문

밤새 별빛이 칼날처럼 깎아 새긴 곳
하늘은 숨결을 접어 넣어 문양을 짓는다
내 마음은 그 얇은 틈을 따라
은빛의 미세한 선율을 다시 그어 넣는다

마음은 가까워도 손끝에 닿지 않고
손가락과 손가락 사이엔
아직 부르지 못한 이름처럼 얇은 거리가 있다
그 비어 있는 곳이 문살을 비집는 달빛이 되어
한 송이 은꽃으로 피어난다

기다림은 조용히 번지는 넝쿨의 언어
새순 돋듯 심장은 느린 문양을 배운다
시간의 결마다 더욱 선명해지는
너라는 빛

붉은 맨발로 씻겨 온 어둠을 벗고
내가 기도로 열어두는
하나의 꽃살문

제3부

풍경

풍경

너 하나를 위해
날숨으로 걸어가는 길에는
봄 햇살 짙은 자국이 남아 있다

바라보는 마음이
도착하기 전에
신발이 먼저 익어가고 있다

네게 가까워지는 풍경과
나를 덮쳐오는 발걸음 소리

연

사라지고 다시 스며드는 영혼으로
하늘의 가장 먼 골짜기까지 떠돌던,

당신이 쉽게 만족했던 순간처럼
이 자리의 숨결만으로도 충분했기에
너를 놓았다

저 깊은 별로 널 떠나보냈다

그곳에서 네가 얼마나 오래 수행을 했느냐는
중요하지 않다
하늘에서 다시는 당신이 내려오지 않는 것처럼

널 손끝으로 잡았던 흔들림
이별이라는 이름이 오늘 만나자고 한다

몇 번의 겨울을 버티게 했을까
그날 소리 없이 떠난
연의 사연

몽돌해변

물빛 다발로 쏟아져
자꾸 부딪치는 마음
그곳에는 모난 살점을 덜어내어
둥글고 단단해졌다고
소나무 숲에 찢어진 바람도
파도를 따라 몽돌 사이에서 운다고

그는 분명 누구의 가슴속 그늘처럼
고통을 바라보고 있다
남아 있는 하루의 욕망도 버린다

모가 없는 돌의 지평선에
아이들 웃음소리가 들리고
봄은 푸르게 파도를 따라
정도리 구계등에 웃음꽃 심는다

가우도

섬은 가슴 드러낸 여자다
그녀의 이야기는
물음이 몸을 기대고 있다
한때는 돋은 듯 작고
떨어지듯 작디작은 모습이다
홀로 있는 밤은
시간이 가지 않았다
네가 키우는 창문 너머 공터에는
바다로 가득 차 있다
심장이 베일 것 같은 정적만 있는 건 아니다
노을이 번질 때면
그녀의 한숨에도 붉은 물이 든다

신호등에 그리고 신호등에

신호등에 그리고 신호등에 움직이는 빛이 있다
신호등에 그리고 신호등에 바쁜 마음이 있다

바라봄에 멈춘 순간
스친 것들의 끈이 어떤 인연일까
말할 수는 없지만 나는 믿었다
가는 발걸음 사이사이
거미줄처럼 얽힌 인연의 실타래가 모여 있다
전생 어딘가에서 흘러온 빛이었을까
보이는 것이 전부는 아닐지라도
말없이 마음이 혈관 속으로 스며든다

도시 숲의 빈자리에서 거대한 행성처럼 하루가 반짝인다
아스팔트 위 그림자들은 조용히 지나가고
마음의 새는 날아서 가지만 걸어가는 발자국은 무겁다
어떤 날에는 순간 속에서 연민을 깨우치며
내가 이 세상에 왔음을 느끼지만
이 세상에 왔다는 것을 알겠지만
때로는 괄호처럼 안과 밖을 구별하기가 쉽지 않다

오늘이 별이 되어 하늘로 올라가면
또 하나의 내일이 필요할 것이다
신호등이 바뀌어 파랗게 빛나면 다시 걷고 웃는다
숨을 들이쉬며 걸으며 바라보고
다시 내딛는 발걸음 속에 조용한 눈물이 흐른다
그곳에는 보이는 점과 선이 꽃처럼 여백을 채우고
시선을 녹일 얼굴이 있다
서로 손을 맞잡고
걸어서, 걸어서 가는 손이 있다

새만금 수평선

빛나고 아름다운 눈으로 지켜준 수평선은
물빛들이 바다 위를 수놓고
호수 위 하늘처럼 그려진 자리로
긴 줄기의 도로를 등에 업고 있다

가로로 선을 그은 듯한 넓은 들은
지구도 웃는 미소로 바라보는 땅이다
곁에서 지그시 수평선을 그리는 그는
하늘과 바다가 만나 새만금이라는 이름을 갖고
푸른 약속으로 가는 길이다
바라보는 누군가의 등에서
서로의 힘줄이 맞다면서 이루는 열기처럼
바다의 등을 물들이는 시간
육지를 지나는 차창의 빛깔까지 물들게 한다

끊임없이 겹쳐 다가서는 새만금 수평선
이제 막 닻을 내린 풍경처럼
허공에 자취를 남기는 입술 자국이다

몸이 깊어진 시간

몸이 깊어진 시간
그림자만 스쳐도 별 같은 몸꽃이 핀다

탐진강을 타고 내려오는 갯벌 바닥에
내 가슴 툭 치는 짱뚱어
밑 눈시울은 넓어서 눈 전체를 덮는다
그럴 것이라면 숲 벗겨진 마음 언덕 위에
망원경으로 지구의 끝까지 보아도
잡히지 않을 만큼 어디로 떠난
그를 보지 못하게 눈을 가리지

화염병을 둘러쓴 사람처럼
강진만 갈대는 충혈된 몸 되어
작은 물결에도 사각거린다

같이 서 있던 언어

오늘은
그늘 속에서 허덕인 나무였다
같이 서 있던 언어들도
받는 길과 주는 길이 다르다

빗방울 추적거리는 발길에서
가로등만 서 있다

무언가를 밀려서 잃었다면
여름밤은 저마다 슬픔의 목적도 다르겠다

내 곁을 비켜서던 이파리들
하나의 몸에서 나뉜 두 개의 영혼이다

초록빛과 사랑
쓸쓸한 여행이 떠오를 때다

이 세상에서
같이 올려보던 하늘은
밀물과 썰물 섞임의

평범한 순서일지도 모른다

밤은 어두워 숲이 되고
굴뚝 곁에서 따뜻한 온기를 찾는 새가 된다

생명체

노트를 펼쳤다
글씨가 움직이고 있었다

이제는 더 이상 갈 곳이 없어 보였다

엄지와 검지로 번갈아
힘을 주어 눌러서 움직이지 못하게 했다

검은색으로 염색을 하듯
매번 변함없이
글자와 글자 사이에 검은 글자가 반복되었다

나는 생각을 버리지 못하고 허둥대다가
이 어둠 속에 달빛을 채워 주면 좋겠다고,
아니다 새벽을 생각했다

움직이지 못하게 했던 생명체는
새롭게 또 움직이기 시작했다

낱말과 낱말을 주어서 새로운 문장으로 간다

노란 그리움

꽃들이
실핏줄 같은 작은 골목에
울고 싶을 때
가슴은
노란 그리움

억누르고 삼킨 자리는
슬픈 시가 되지만
마음으로 봄을 피우며 감사를 한다

슬기로운 천사가 말했다
행복은 핏속으로 흘러간다고

정전기

기미도 없었다
어떤 말도 내려주지 않았다
꿈에서 깨어나
다시 꿈으로 가는 길도 없었다
꺼낼 수도 없는 것을
별똥별처럼 흘러보내며
운명을 모른 채 살아볼까

바람은 어떤 바람이고
나는 어떤 짐승일까
우연히 스치는 손끝 하나가
보이지 않는 경계를 허문다

자신의 역사를 쓰기 위에
가슴 속 전극이 오가고
천둥 벼락이 치고
소나무 세월이 번개처럼 꺾인다

솔바람이 깊은 길을 내고
정전기 일렁이는 세상
흔들리며 제 길을 간다

흔적

아침은 빗방울처럼 내 몸을 스치고
그대 미소는 내 안의 초록 위에 발자국을 남깁니다

손짓 하나가 공기 속에서 잔물결을 만들고
붉은 단풍은 산을 타고 내려와
세상의 색을 조용히 바꿉니다

모든 순간이 물들듯,
나는 그대와 계절 사이에 남겨진 흔적을 밟습니다

커피숍

그녀가 문을 열고 들어오면
빛이 먼저 흔들렸다

책을 펼치기 전
손가락에 스치던 마음이
커피 향 속으로 가라앉는다

나는 그 미세한 순간마다
입술을 닫은 채 시간을 되씹는다
마치 오래된 시계의 모습을
손끝으로 더듬는 것처럼

창밖의 사람들은
자신의 그림자를 밟으며 지나가지만
그녀의 페이지를 넘기는 소리만
내 시간의 중심에 머문다

언젠가 우리도
구겨진 그림자처럼 늙어갈 테지만
오늘의 이 부드러운 정적만은

어디에도 흩어지지 않기를

그녀가 책갈피를 천천히 덮을 때
나는 그 손의 움직임이
하루의 끝보다 더 길다고 생각한다

나는 조용히
깊어져 가는 시간을 삼키며 웃었다

바다의 빛 장보고

길은 바다에서 시작되었다
하늘을 열어 절망과 죽음의 바다를 꿈틀거리는
약속의 땅으로 바꿔 놓았다
가슴으로 그 대륙의 바다 문을 열었다
파도의 말을 이해했던 그는
서릿발 사나운 세상으로 해적을 내몰았다
이별의 바다가 아니라 한판 춤으로
그려낸 희망의 불꽃이었다

별은 하늘에만 있는 것이 아니다
수많은 바다의 물결이 남겨놓은 생명의 자국에서
해상왕이란 밝은 별 하나를 바다에 그려
바닷길 오가는 삶의 생명줄 열어
얼룩진 시간을 없게 했다
영롱한 목소리와 포옹의 높은 산 울림소리로
별, 바다의 별로
불빛이 닿아 황금의 시간을 열었다
수십 겹 덧대진 생명의 운명처럼
밝은 세계 속의 해상무역과 자유는
꽃과 열매가 지고 피고 열리듯

수없는 역사가 흘러도
지금 여기 우리 곁에 살아있다

당신이 키우는 눈길 너머 불타는 바다의 마음을
머물던 그 역동적인 풍경 속 그대로
청해진은 오늘도 바다의 빛을 담은 편지로
찬란한 달빛 속에 배달되고 있다
시대의 빛나는 눈길로
혈관을 따라 두 눈 뜨고 있다

참치 통조림

바다의 물결 깊이에서
발견되었다
입다문 근육을 풀자
물결로 오는 파도소리가 들린다
어둠의 찬 물과 물 사이에
단단히 붙여 꼭 봉한 살점으로
충분히 흔들리지 않는 짙은 영혼은
세월이 어디 좀먹느냐고
근심 없이 살아간다

조립

생각을 조립하다
건너 뛰었다

그러다 다시 조립하고

하루해는 지나가고

생물이라는 것

시간

여행자의 마음

덜어냄으로

모험과 걷는 순환을 통해
덜어냄으로

더 나은 사람이 될거라고
믿는 마음으로

지속 가능한 여행을 떠난

푸른 신호등이 잘 보이듯

일 년에 한 번

형형색색 타오르는 나뭇잎의 시간이다

뜨거운 마음을 나누듯 단풍길 따라 물들어 가는
그곳에서 일 년에 한 번 마음의 시간을 건져
누추하게 장수하는 하루살이가 되지 말자

마음의 집에 익어가는 홍시처럼 달고 예쁜
모습이 담겨 있었던 시간이 그립다고 바라보지 말자

모든 것이 그리움의 색상인지도 모른다
이 마음의 기행은 어쩌면 마음에 산맥을 일으킨
사랑이라는 이름인지도 모른다

가만히 나를 붉고 찬란한 그곳으로
내딛는 발길이 꽃이 피게

쌓아 올린 시작점

하루가 시작되는 지점
햇살 밖 뜨락에 나무 이파리 하나 잠들어 있다
오늘은 마음과 몸이 하나가 되면 좋겠다
시간은 흘러가고
보내야 할 메일 속 시들이 급하다고 속삭인다

지나가는 풍경과 다가온 풍경에서
나는 노란 은행나무 아래 서성거리기만 하고
등줄기에 달라붙는 마음은
어느 독방에서 무너지려 한다
웃는 풍경들, 마음이 흔들리게 부럽다
그런다고 추락할 수는 없다
그래도 금세 크게 뜨는 눈 두 개를 가지고 있다
그것만으로도 다행이라 생각하지만
쓸려고 들여다보아도 쓸 수 없다
길가 은행알은 단단한 숨을 품고 있다

지구 가장자리엔 무엇이 있을까
나의 마음 끝으로 오는 생각은 그곳에 가서라도
찾고 싶은, 물에 빠진 것일지라도 건지고 싶다

오늘 아침 밥맛은 쓰디쓰다
모든 허공을 빵으로 만들며
내 마음속으로 천천히 돌아와 보니
바쁨이 즐거움으로 빛나는 길이라 말한다
캄캄한 어둠에서 내 손 위에 별 하나 내려앉았다

제4부

여행자의 성

여행자의 성

저 성은 어디에서 떠밀려온 것일까
창가의 그림자는 닿지 않고
말을 걸 사람도 없다
멈춘 자리로 숨소리가 없다
불빛만 마음속 풍경을 흔들고
바람 끝에 가느다란 목소리 하나 걸린다

밤새 걸어도 젖지 않는 길 위로
보일 듯 보이지 않는 벽 같은 성은
밤을 접어 내 앞에 둔다

누군가 말한다
방마다 시간이 잠겨 있습니다
귀만 남아 있을 뿐입니다
나가는 문은 저 너머에 있습니다
입자들로 가득한 공간
안개가 눈 속에 스며든다
나는 그 알 수 없는 성으로 들어간다

뱃길

항구의 갯내음이 몸 속으로 달려드는
거기

누군가는 체온이 필요한 아침을 안고
머리카락 하얗게 새고
바람에 흩어진 갈매기 모습이 있다

엷은 해무가 섬들을 멀리 흐릿하게 감싸고
그리움의 체취처럼
아련한 기억이 가슴속에 파고든다
바다는 고독하고
내리치는 무심 속에서
그대 발밑에는 눈물이 고여 있다

갈매기는 허공을 가르고
객실 창문으로 스며드는 햇살 속에서
이제야 놓아줄 수 있을까
언젠가 다시 돌아올
뱃길,
기다림과 회귀의 길

나뭇가지 끝의 잎 하나

가까운 길과 먼 길에서
나뭇가지의 하루는 발밑에 닫는
생명의 소리가 있었다

아침 이슬을 받아 마시며
가지의 흔들림은
끊임없이 잎의 생명을 키웠다

숨겨진 가시덤불 속
예쁘고 눈에 넣기도 아까운
여린 꽃과 잎의 모습에
봄볕 마음으로 차오른 작은 욕망이 있었다

바람의 흔들림도
밀어닥친 마음속 파도도
원초적 생명의 샘이라는 것을 알지 못했다

벗어내지 못한 마음의 옷 속에
거르는 일 없이 찾아온 감각의 혼합물

이제는 묻지 못한 길 위
나뭇가지 끝의 잎 하나의 시간

가까운 길과 먼 길에서 찾아온
산속의 작은 옹달샘마저
붉은 단풍잎 하나 되었다

새의 소리

밤은 방 같은 것
잠깐씩 얻어 잠자던 길가의 여인숙
뒤척일 때마다 소리가 난다
지나가는 이는 가던 길 멈추고 듣는 것 같다

저 깊은 골목에는 무엇이 있을까

홀로 뒤척이는 잠자리에
자꾸 새 날아가는 소리가 바람을 타고
심장에서 일어나 들리는 것 같다
푸른 솔바람 함께 지내던 낯익은 소리다

수 갈래 엇갈리는 길을 본다

누가 나를 이곳에 놓아서
흐르는 것에
스미는 것에
끊임없이 들리도록 도와주는 선율이다

자다가 깨어

마음이 그녀를 생각한다
몇 번을 그렇게 창밖의 나무가 되어

밤의 소리

풍경 속에 사람과 사람의 발길 소리가 발생했다

걷는 동안 서로의 길에 돋아나는 새싹처럼
머지않아 허공을 잠재워
고운 빛이 되는 시간이 된다고

서로 반대편에서 출발해
같은 밤의 소리를 맞이하기 위해서다

우리가 하나의 선을 향해 걸을 수 있는 시선은
밤의 소리를 태우는 시간이다

소리를 본다

꽃눈이 튼다
봄이 소리를 낸다

연못에 붉은 마음이 움직일 때도
나이 든 어른들은 잘 모른다

어린 여섯 살 눈에 보이는
무언가를 표현하는

낮달의 말은 꽃에 걸려있다

판소리

하늘 아래 이슬 먹는 녹색 잎도
숨죽인 물결처럼 마음결을 드러낸다
가만히 바라보면
마음의 소리는 찻잎 위의 이슬 소리다
바람이 서고 마침내 새들도 귀를 세운다
추임새를 타고
어머니 한의 소리가 메아리친다
노을 등지고 차밭을 나오신 어머니
흥얼거리는 소리에는 별이 함께하는 소리가 된다
빛의 행렬이
나는 마음이 흘러내린다

끝나지 않는 색

하늘빛 담아서 물이 든
끝나지 않는 색
떨어지는 찻물 소리 귀 가까이 스며들고
손끝의 눈빛으로 와 담아내는 그림

물도 쉬고
생각도 쉬어 고요한 정념이다
은은한 빛 끝나지 않는
또렷하게 흔들리는 너

입술로 먹기도 전에
마음이 차(茶)로 든다

겨울의 그림

새벽을 밟고 가며
손끝이 시려서 하얀 입김으로 녹인 노인을 본다
지상에서 쫓겨난 몸으로 손수레를 끌고 가는 길이다
그에게도 한때 넓은 강폭의 청춘이 있었을 것이다
이제는 내 몸안의 무지개가 사라지고
소나무 껍질 같은 거친 살결이 등고선을 그리며
이슬을 건너가는 여치보다 못한 시간을
유지하고 있는지도 모른다

흰 머리칼이 찬 바람에 쏠리고
고요밖에는 아무 소식도 없다
입에서 나온 하얀 입김이 싸락눈이라도 되어
뿌렸으면 좋겠다
올려면 소복히 쌓여서 들녘 위를 덮지
길을 가다 가끔 기침을 한다
고독이 사막처럼 넓다
아직 눈이 내리지 않는다
바람은 길 위에서 가끔 짐승 소리를 내고
노인은 가다 길을 멈춘다

하늘에서 이팝나무꽃 같은 눈이 내리기 시작한다
하늘이 그를 위해 눈 곡간을 푸는 것일까
노인의 눈가에 미소가 올라온다
이팝나무 꽃으로 그려지기 시작한 겨울 아침
마침내 찬바람이 시키는 계절의 일들을 버리고
하얀 돌담길 사이로 한발 또 한발 집으로 옮기고 있다
포개고 자꾸 포개지는 입술 사이로
버려지지 않는 마음의 꽃 그리며 간다

차창 밖의 그림

하나로 이어진 파란 하늘 아래
아파트의 단단한 그림자 사이로
자동차들이 물처럼 흐르고
가끔 혼자 걷는 한 사람이 건널목 위에 떠 있다

잠시 후, 양산을 든 아주머니도
보이지 않는 약속의 길 위에 올라
남자의 곁에서 기다린다
신호등은 보이지 않지만
차들은 그들의 규칙을 따른다

약속이라는 보이지 않는 길 위에서
사람들은 서로를 스치고 이어진다
실내 음악은 경쾌하게 흔들리며
차는 오가고 멈추고
길 위의 발자국은 다시 서로를 부른다

창밖의 풍경 속
관계와 움직임과 약속이
조용히 꿈을 키운다

속삭이는 그림

당신과 함께 했다

마음은 어제를 만들고
그 어제를 풀었다

병원을 함께 가고
열차를 타고

속삭이는 그림 속에는
하루치의 따뜻한 손길이 숨 쉬었다

먹을 갈다

밤으로 오는 마음은
방의 벽을 허물고
무한한 권력의 길을 만든다
소금물에 씻기는 모래알처럼
부서지는 소리에는
침을 목으로 삼킬 수가 없다
이 소리는 누구의 것인가
손끝으로 끌고 오는 검은 질감의 소리

모든 것이 멸하고 마는
낫 가는 소리에 서실이 숨을 쉬지 못하고
등줄기에 좁쌀 같은 것이 돋는다
화살을 날려 꽂게 하는 일처럼
언제나 보이는 것은 아니다
밤하늘이 하루를 덮어있을 때
찾아오는 억누르기 어려운 생각의 소리다

허물지 못한 시름이 깨어 서로
연결된 통로가 될 때
먹은 새벽빛으로 소리로
서리가 되어 내린다

여운

여름꽃 하나 바라보다
달까지 캄캄해졌다
감추어 두었던 눈먼 고독이 찾아온 것이다
그의 말이 웃음처럼 번져 눈을 감지 못했지만
몸이 무거워 날 수 없다는 것을 몰랐다
여름 속에 들어온 푸름이 아니라
풀잎이 흔들리는 기억의 소리만 들린다

그와
나
함께 접혀버린 시간을 찾아 걸었던 몸짓
시계를 다시 맞추지 않아도 되었다
팔월의 햇빛 속으로 여운은 계속되고
그렇게 자귀나무꽃이 되었다

그려내는 비

아침을 그려내는 비
들녘에서 말한다

예쁜 꽃잎 마음으로
커피를 마시며
아름다운 것들을
찾아 보관하라고

잠시 침묵을 탁본해서 보는 것처럼

흔적

아침을 타고 빗방울이 옵니다

그대 입술로 그려낸 미소가 있습니다

오직 두 손을 맞잡고

초록 위에 서서 손짓 합니다

하루 목적지

아침을 삼키면서 길을 걸었다
어제의 빛깔은 사라지고 없지만
길의 얼굴은 찰진 자리로 나를 잡는다

주변의 이름들 속에는 폈다 접는
자기의 세상들이 숨겨져 있다
쏟아붓던 물의 시간을 이겨내고
몸을 더욱 단단하게 했던
벼들은 은빛 구슬을 달고 웃고 있다

멈추어 있는 내 등 뒤를
시간을 더디게 밟고 가는
노인은 허리를 펴지 못하고 끌고 간다
주변의 이야기와는 사뭇 다른 풍경이다
시간의 흐름은 한탄할 틈도 주지 않는다
하루 목적지를 위해 시곗바늘 추가되어가고 있다

하늘은 이른 아침을 새로 만들어가고 있지만
나는 풍경 속에서 마음 안에 일어난
솟구치는 움직임을 그려내지 못하고 있다

마음의 집에 무언가를 찾을 수 있다면
어느 한쪽을 지우는 것이 아니라
삶의 터를 소중한 질감으로 만들고 싶다

노인의 하루는 발길에서 좁은
어깨를 흔들며 말없이 익어가고 있다

침묵은 용서받지 못한다

이렇게 쓰고 싶었다
나뭇잎이 익어 자기 색 입던 날
가벼운 바람에도 쓸려갈 수 있고
천천히 흘러내리는 구름이 되어
침묵으로 세상을 스치고 싶었다

가을 땅은 나뭇가지 기우는 길의 붉은 그림자로
조용히 다가왔고
그림자는 한 장씩 삶을 그려냈다
바람에 빛이 된 사람들이
저마다의 그리움을 이끌고 밀려왔다
진실한 그리움이 말을 걸었다

다가서는 발걸음은 망설임이었고
한 사람의 몸을 다 채우고
그 망설임은 나를 일으켜 세웠다
숨기고만 있던 말들이
목 끝에서 햇빛처럼 터져 나왔다

이제 침묵은 용서받지 못한다

한 평 땅조차 가지지 못한 햇빛이라도
빛나는 일은 멈출 수 없다
나는 일어섰다
대지 위에 누워 있던
내 속살에다
하루를 견디는 따뜻한 숨을 심었다

발자국

발자국에도 영혼이 있다
숨소리가 귓가에 맴돈다
비록 꽁꽁 굳어버린 자리지만
그에게는 삶의 의미가 놓인 자리다
어쩌면 팔순의 노구를 간신히 이끌고
굽은 등에 넘어가는 하늘의 창백한 등짐을 지고 가는
그녀의 모습으로 보인 자리다

그동안 낡고 거치른 표층이 밤이슬을 먹고 열리더니
그녀의 육신은 가고 발자국만 남았다
그날의 발자국에는
그녀의 입김 속의 신음이
오고 가는 사람의 마음을 뒤척이고 있다

손끝의 표현

손, 찰칵 소리로 간다
하얀 구름 속에서 빛난다

손끝의 표현은
마음 한편에 있는 그늘이다
평생 짊어지고 가는 흔적의 꽃이다

마음이 손끝으로 오는 감각은
길을 열어주는 발자국이다
추락하는 방패연과 같지만
그 생의 모습에서 오는 그려진 흔적의 시간이다

마음이 지나간 길은
조리개 사이로 빛이 모인 시간 안에서
움직일 때마다 오는 탈출구
사진 한 장

산다는 것 이렇게 미안할 때가 있다

곁에

마음 손길 하나로 줄 선 이들 곁에서
의미를 심는 날들이 계속 된다
주문 소리 울리기가 바쁘게
손으로 자신을 달구며
불이 닿아 이루는 시간을 출산한다

덥고 탁한 기체상태로 된 물을 보며
어질고 착하게 꽃들을 쓰다듬듯
순간순간을 잎이 돋게 하는 마음 하나다

이 아침도 그림자 없는 발길로 행인의
한 끼를 차리며
수많은 눈길로 몰려다니고 있다

그녀는 보이지 않는 찬란한
별빛이다

사람의 마음이 머물다 간 자리들

강 경 호
(한국문인협회 평론분과 회장)

1.

정관웅 시인의 시집 『붉어지는 것들』은 시인의 인식체계, 즉 시적 프리즘을 통해 내뿜는 다양한 시의 색채를 보여준다. 상처 속에서 피어나는 꽃처럼 고통 속에서도 희망을 노래하고, 여성과 노인이라는 우리 사회의 중심으로부터 먼 곳에 있는 사람들의 삶을 위로하거나 연민으로 바라보는 시편들을 휴머니즘적 관점에서 형상화하고 있다. 또한 그의 시 한켠에는 역사적 위인을 등장시켜 영웅화시키지 않고 세계를 잇는, 변환을 이끈 인물로 제시하기도 한다. 특히 그의 시에서 주목할 점은 침묵이 겸손이 아니라 발화를 통해 소통하고 응답하는 말의 의미를 되새기고 있는 점이다.

이러한 정관웅 시인의 시는 비교적 사물과 세계의 미세한 부분에 관한 새로운 인식태도를 발견하는 데 능숙하다. 그리고 도시적 모더니티보다 자연을 통해 시적 발화를 하는 경우가 대부분이다. 그럼에도 「커피숍」 같은 경우에서는 빛과 향기, 손놀림, 정적, 시간의 길이만으로 인물들의 관계를 그려내는, 정관웅 시인에게는 매우 낯선 도시적 감각을 형상화하기도 한다. 시인이 자신의 시에 대해 밝히는 견해를 통해 시론적 자기성찰, 그리고 시인에 대한 냉정한 인식 태도를 잘 형상화한 시편들도 있다.

이러한 작품들에서 보듯 이 시집을 관통하는 시세계를 보여주는 시편들을 살펴본다.

2. 검은 바닥에서 피어내는 내면의 색

검은 바닥 위
점 하나 흔들림

흩어진 원(圓)
가벼운 그림자 밀려난다

낮게 깔린 공기 속에서
불꽃의 마지막 호흡이
얼음처럼 식어간다

그 잿빛 틈새에서
늦게 피어오르는 붉음은
아무에게도 기울지 않는
내면의 동백꽃 같다

-「꽃의 내면」 전문

'꽃의 내면'이라는 시제는 꽃 속의 심층이 아니라, 재 속에서 겨우 남은 색채를 향한 이름을 형상화한 것으로 보인다. 짧은 작품이지만 검은 바닥-불꽃-잿빛-붉음-동백으로 이어지는 이미지가 밀도 있게 배치되어 있다. 설명보다는 명사 중심의 구문("검은 바닥 위/ 점 하나 흔들림", "잿빛 틈새", "내면의 동백꽃")으로 화면을 찍어내듯 제시해, 시가 '생각'보다 '장면'으로 먼저 다가오게 만드는 힘이 크다.

특히 이 작품은 등장하는 시적 대상이 인물, 또는 감정이 아니라 검은 면과 흔들리는 점(點)이다. 이 점은 "흩어진 원(圓)"으로 확장된다. 원은 본래 둥근 도형이지만, 여기에서는 흩어져 형태를 잃는다. 중심이 사라진 자리에서 "가벼운 그림자"가 밀려난다. 이 장면 위로 "낮게 깔린 공기"가 도입되고, 그 속에서 "불꽃의 마지막 호흡"이 "얼음처럼 식어간다". 얼음처럼 식는 불꽃의 이미지는 열기의 정점보다 사라져가는 끝을 바라보는 시선을 보여준다.

이제 장면은 "잿빛 틈새"로 옮겨간다. 불꽃이 꺼져 남은 재의 틈에서 "늦게 피어오르는 붉음"이 드러난다. 붉음은 "아무에게도 기울지 않는/ 내면의 동백꽃 같다". 동백은 겉으로 보이는 화려함이 아니라, 재 속에서 피어오르는 붉음이다. "아무에게도 기울지 않는"이 함의하는 것은 타자의 시선이나 인정에 기대지 않은 상태이다. 불꽃의 마지막 호흡, 잿빛, 틈, 늦게 떠오르는 붉음, 내면의 동백꽃, 이러한 연쇄 속에서 한 개인의 감정은 선언이나 고백으로 나타나지 않고, 불꽃과 재와 꽃의 색채로만 제시된다.

이 작품은 검은 바다과 잿빛 사이에서 겨우 떠오른 붉은색 하나를 끝까지 밀고 나가며, 한 내면의 자기 색깔을 가지기까지 지나야 했던 소멸과 식음, 밀려남과 잔존의 과정을 압축한다.

3. 병과 시선, 그리고 관음의 손

앓고 있는 건 이름뿐만이 아니다
묻어온 시선도 있다

말이 되지 못한
한숨 같은 처녀 초승달 하나
내 가슴 깊은 곳으로 지나간 흔적 속에
홍역의 상처로 붉은 연꽃 한 송이 피었다

정한수처럼 가느다랗게 떨며
달빛에 젖은 눈물로 몸을 녹이는 시간
한 손은 땅을 쓰다듬고
다른 손은 허공의 문을 어루만지는
관음의 손들이
아린 땅의 발자국 위로
새벽빛을 속삭이며 만지고 있다

-「초승달」 전문

이 작품은 아픔이라는 주제를 직접적으로 서술하지 않고, 상처에 솟은 꽃과 그 꽃을 감싸는 손의 움직임만을 보여주면서 고통을 둘러싼 관조와 돌봄의 자세를 조용히 드러내고 있다. "앓고 있는 건 이름뿐만이 아니다/ 묻어온 시선도 있다"라는 진술에서 보듯 질병 · 상처에 대한 내적 서사를 곧장 '타자의 시선'으로 확장시킨다. 초승달-홍역 상처-붉은 연꽃-관음의 손으로 이어지는 종교 · 신화적 코드가 무리 없이 자연스러운 이미지 흐름에 흡수되며, 도식적 상징의 시가 되지 않는 점은 시를 이끌어가는 시인의 관점이 참신하기 때문이다.

초승달은 "말이 되지 못한/ 한숨 같은 처녀 초승달"이다. 말이 되지 못한 초승달은 고통과 연결되고, 이 초승달은 "가슴 깊은 곳으로 지나간 흔적 속에/ 홍역의 상처로 붉은 연꽃 한 송이" 피워 올린다. 몸이 앓아 겪은 상처와 그 상처에서 돋아난 감정이 붉음이라는 연결고리를 통해 하나의 장면으로 묶인다. 이어서 시선은 손으로 옮겨간다. "정한수처럼 가느다랗게 떨며/ 달빛에 젖은 눈물로 몸을 녹이는 시간" 위에 "한 손은 땅을 쓰다듬고/ 다른 한 손은 허공의 문을 어루만지는/ 관음의 손들"이 배치된다. 한 손이 땅을 어루만지고 다른 손이 허공의 문을 만지는 이 형상은, 고통과 위안을 동시에 향하는 몸의 자세를 보여준다. 손은 땅과 하늘, 육체와 초월, 현재와 다른 차원을 동시에 더듬는다.

이 손들의 아래에서 "아린 땅의 발자국"이 새벽빛의

속삭임을 받는다. 초승달, 홍역의 상처, 붉은 연꽃, 정한수, 관음의 손, 새벽빛, 이 연속적인 이미지 속에서 병은 통증의 사건을 넘어 땅과 몸, 눈물과 기도가 만나는 지점이 된다.

이 작품은 정관웅 시인의 이번 시집에서 자주 보이는 '노인 · 고통 · 가난 · 노동'을 바라보는 연민의 시선이 초승달과 관음의 손이라는 이미지를 통해 미리 보여준다.

4. 여성의 생애와 꽃의 기억

맑은 바람결에 접시꽃이 흔들려
진홍빛 그 모습 그렸던 아침이 있었다

새벽에 일어나 보리를 방아 찧어 밥솥에 삶아서
소쿠리에 퍼담아 걸어두었다. 일은 거기서 다시 시작되었다
김을 파래와 구별하여 놓아두는 일이 시작된다
손길은 얼음으로 동여맨 매서운 바람이다
아침이 오기도 전에 바다로, 들로 발길이 멈추는 일이 없다
때로는 수많은 수면이 필요했지만 그렇지 못했다
외동딸로 태어나 결혼을 하여
시할아버지, 시부모님, 시동생 칠 남매
그리고 이어지는 세월 속에 일곱이나 되는 아들과 딸을 키우는
장남 가족의 큰며느리의 역할이었다

언제나 시간이 똑똑 떨어져 밤이슬이 되어도
이랑 길에 어두운 그림자로 움직이고 있었다

어느 날 침상에 누워서 움직이지 못하고
앙상한 몸에는 잔주름으로 쌓여있다 가죽만 있는 모습은
어두운 그림자로 참새 깃털 같은 이불 하나 간신히 덮혀 있다
누군가의 옛 추억들을 읽어가는 모습에는
기러기의 울음소리로 가득하다
산소 호흡기만 소리 내어 공기를 흔들고 빛은 떨어져 가고
젊었을 때 모습은 그곳에 없다. 분명 있었던 모습은 볼 수가 없다
성스러운 마음으로 피우던 접시꽃은 이제 그 접시꽃이 아니었다
양지바른 곳에서는 로제트 상태로 겨울을 견디어 내고
이듬해 무성하게 줄기를 곧게 뻗어 잎사귀 사이에서
꽃을 피웠던 꽃이 아니었다

코로 음식을 먹는, 뼈로만 그려진 어머니는 느린 손가락으로
시간을 놓으려 만지고 있다
손가락 접시꽃은

-「손가락 접시꽃」 전문

서사구조의 형식을 지니고 있는 이 작품은 어머니의 지난한 생애를 접시꽃의 생태적 특성을 빌어 노래하였

다. "맑은 바람결에 접시꽃이 흔들려/ 진홍빛 그 모습 그렸던 아침"이라는 기억으로 시작되는데 새벽 노동의 장면으로 어머니의 삶을 구체화한다. 보리를 방아에 찧어 밥솥에 삶고, 소쿠리에 퍼담아 걸어두는 일, 파래와 김을 구별하는 일, 아침이 오기도 전에 바다와 들을 오가는 발길 등이 그것들이다. 이렇듯 외동딸이면서도 큰며느리, 칠남매의 어머니, 노동의 연속으로 점철된 고단한 삶을 형상화시켰다.

그런데, 어머니는 이제 침상 위에서 움직이지 못하는 몸이다. "참새 깃털 같은 이불 하나"에 덮인 채 앙상한 형체, 산소호흡기에 매달려 연명하고 있는 처지이다. "젊었을 때 모습은" 사라지고 "성스러운 마음으로 피우던 접시꽃"은 이제 그 접시꽃이 아니다. 겨울은 견디고, 다시 줄기를 뻗어 꽃을 피우던 식물의 생애와 노동으로 이어진 어머니의 생애를 동일시하고 있는 이 작품에서 꽃은 정원의 장식이 아니라 어머니 인생을 은유하는 시적 상관물로 나타난다.

병상의 어머니는 "코로 음식을 먹는, 뼈로만 그려진" 시간을 견디고 있다. 그러므로 어머니는 "느린 손가락으로/ 시간을 놓으려 만지고 있다." 손가락이 시간을 만지고 놓으려 하는 행위 속에서 그동안 붙들고 있었던 삶을 천천히 내려놓는 제스처를 보인다.

이 시편은 농촌 여성의 생애사, 가족 구조, 노동과 늙음, 생명과 식물의 시간을 세밀하고 내밀하게 병치시키면서, 접시꽃이라는 이름을 깊고 무거운 상징으로 바꾸어 놓는다.

5. 겨울과 집으로 돌아가는 길

새벽을 밝고 가며
손끝이 시려서 하얀 입김으로 녹인 노인을 본다
지상에서 쫓겨난 몸으로 손수레를 끌고 가는 길이다
그에게도 한때 넓은 강폭의 청춘이 있었을 것이다
이제는 내 몸안의 무지개가 사라지고
소나무 껍질 같은 거친 살결이 등고선을 그리며
이슬을 건너가는 여치보다 못한 시간을
유지하고 있는지도 모른다

흰 머리칼이 찬 바람에 쓸리고
고요밖에는 아무 소식도 없다
입에서 나온 하얀 입김이 싸락눈이라도 되어
뿌렸으면 좋겠다
올려면 소복히 쌓여서 들녘 위를 덮지
길을 가다 가끔 기침을 한다
고독이 사막처럼 넓다
아직 눈이 내리지 않는다
바람은 길 위에서 가끔 짐승 소리를 내고
노인은 가다 길을 멈춘다

하늘에서 이팝나무꽃 같은 눈이 내리기 시작한다

하늘이 그를 위해 눈 곡간을 푸는 것일까
노인의 눈가에 미소가 올라온다
이팝나무 꽃으로 그려지기 시작한 겨울 아침
마침내 찬바람이 시키는 계절의 일들을 버리고
하얀 돌담길 사이로 한발 또 한발 집으로 옮기고 있다
포개고 자꾸 포개지는 입술 사이로
버려지지 않는 마음의 꽃 그리며 간다

-「겨울의 그림」 전문

이 작품도 위에서 살펴본 「초승달」, 「손가락 접시꽃」과 더불어 시적 대상이 인물들이다. 위의 작품들은 모두 여성인데 반해 「겨울의 그림」은 '노인'이다. 「초승달」에서는 병들었거나 상처 입은 사람이고, 「손가락 접시꽃」은 여성(어머니)이다. 「겨울의 그림」에서는 '불쌍한 존재'는 아니지만 중심으로부터 소외된 '가난한 노인'으로 손수레를 끌며 곤궁하게 삶을 이어가는 존재이다. 이들 작품을 통해 시인의 관심과 시적 시선이 어디에 있는지를 짐작하게 한다.

시적 화자는 일 년 중 가장 추운 겨울 새벽에 일어나 "손끝이 시려서 하얀 입김으로 녹인 노인을 본다". 3인칭 시점으로 노인의 삶을 투시하는 형식의 이 작품에서 시적 화자는 "지상에서 쫓겨난 몸으로 손수레를 끌고 가는" 노인의 길을 주시하고 있다. 초라하고 누추하게 자신의 삶을 끌고 가는 노인도 "한때 넓은 강폭의 청춘이 있었을 것이"라고 유추한다. '무지개'로 상징화된 빛나는 때도 있었을 노인은 "소나무 껍질 같은 거친 살결이 등고선을 그리며" "여치보다 못한 시간"을 견뎌내고 있다.

이 작품은 겨울 한복판에서 수레를 끌고 가는 노인의 모습을 그리고 있다. "흰 머리칼이 찬바람에 쏠리고" "입에서 나온 하얀 입김" "길을 가다 가끔 기침을 한다" "고독이 사막처럼 넓다" "바람은 길 위에서 가끔 짐승소리를 내고/ 노인은 가다 길을 멈춘다". 이러한 정황으로 보아 노인이 편안한 삶을 누리지 못함을 알 수 있다. 그럼에도 시적 화자는 노인의 삶의 조건으로 직설적 사회비판을 하지 않고 노인이 가는 길을 끝까지 바라보고 있다.

겨울이어도 눈이 내리지 않는 전반부의 시적 정황은 노인의 버거운 삶을 형상화하였지만, 축복과 은총의 상징인 눈이 마지막 연에서 "하늘에서 이팝나무꽃 같은 눈이 내리기 시작한다"며 노인이 그려내는 겨울 그림에서 희망을 발견한다. 눈이 내리는 모습을 "하늘이 그를 위해 눈 곡간을 푸는 것"이라고 여기는 것이다. "노인의 눈가에 미소가 올라온다"가 그것을 증명한다.

이팝나무 꽃이 눈을 닮았지만, 다른 한편으로 보면 '흰쌀'을 닮았음을 시적 화자는 주목한다. 그리고 이팝나무꽃이 봄에 피는 꽃임도 시적 발현임을 알 수 있다. 그러므로 봄과 겨울이 뒤섞이며 노년과 젊음, 추위와 축복이 한 화면에 겹치는 구조를 보여준다.

"마침내 찬바람이 시키는 계절의 일들을 버리고/ 하얀 돌담길 사이로 한발 또 한발 집으로 옮기고 있다"며 노인의 길이 축복과 희망의 길임을 묘파하고 있다.

6. 바다와 별, 장보고의 빛

길은 바다에서 시작되었다
하늘을 열어 절망과 죽음의 바다를 꿈틀거리는
약속의 땅으로 바꿔 놓았다
가슴으로 그 대륙의 바다 문을 열었다
파도의 말을 이해했던 그는
서릿발 사나운 세상으로 해적을 내몰았다
이별의 바다가 아니라 한판 춤으로
그려낸 희망의 불꽃이었다

별은 하늘에만 있는 것이 아니다
수많은 바다의 물결이 남겨놓은 생명의 자국에서
해상왕이란 밝은 별 하나를 바다에 그려
바닷길 오가는 삶의 생명줄 열어
얼룩진 시간을 없게 했다
영롱한 목소리와 포옹의 높은 산 울림소리로
별, 바다의 별로
불빛이 닿아 황금의 시간을 열었다
수십 겹 덧대진 생명의 운명처럼
밝은 세계 속의 해상무역과 자유는
꽃과 열매가 지고 피고 열리듯

수없는 역사가 흘러도
지금 여기 우리 곁에 살아있다

당신이 키우는 눈길 너머 불타는 바다의 마음을
머물던 그 역동적인 풍경 속 그대로
청해진은 오늘도 바다의 빛을 담은 편지로
찬란한 달빛 속에 배달되고 있다
시대의 빛나는 눈길로
혈관을 따라 두 눈 뜨고 있다

-「바다의 빛 장보고」 전문

정관웅 시인의 이번 시집에서 유일하게 역사적 인물을 다룬 작품이다. 장보고라는 걸출한 역사인물을 영웅 숭배보다는 바다와 빛의 이미지를 전면에 내세우고 있다. 통일신라 시대 동북아 해상무역권을 장악한 인물인 장보고를 시적 화자는 "약속의 땅으로 바꿔놓았다" "가슴으로 그 대륙의 바다문을 열었다" "서릿발 사나운 세상으로 해적을 내몰았다" "희망의 불꽃이었다"고 해석하고 있다. 그러므로 시적 화자는 장보고를 '해상왕' '밝은 별'로 형상화하는 것이다.

"길은 바다에서 시작되었다"라는 문장으로 시작되는 이 작품은 "절망과 죽음의 바다"를 "약속의 땅"으로 변환시킨 장보고의 삶을 되살린다. 그러므로 장보고를 '별'로 상징화하는 것인데, 이 별은 권력의 정점이 아니라, 바다의 생명줄에서 빛나는 별이다. 장보고 시절 열었던

"밝은 세계 속의 해상무역과 자유는/ 꽃과 열매가 지고 피고 열리듯/ 수없는 역사가 흘러도/ 지금 여기 우리 곁에 살아있다"고 한다. 장보고 시절 해상을 장악했던 역사를 오늘 우리가 재현하고 있으니 장보고의 빛나는 별과 빛을 이어받아 빛나는 역사를 재현하고 있음을 말한다.

마지막 연에서 "청해진은 오늘도 바다의 빛을 담은 편지로/ 찬란한 달빛 속에 배달되고 있다" 청해진은 박물관 속 유물이 아니라, 아직도 계속되는 편지의 발신지로 묘사된다. 편지는 시간을 넘어 전달되는 메시지이자, 빛의 통로이다.

이 작품은 정관웅 시인의 시가 단지 장보고라는 특정 인물의 개인적 서정에 머무르지 않고, 역사, 지역, 공동체를 상상하는 집단적 상상력을 지니고 있음을 드러내고 있다. 더불어 이 작품은 역사와 바다라는 거시적 시야를 제공하여 작품 세계의 시야를 넓혀주는 역할을 하고 있다.

7. 잡히지 않는 것의 자리

앵두로, 살구로 환히 열렸으면 좋으련만
말들은 언제나 몇 개의 점처럼
바람처럼 사라져 버린다

해 뜨는 자리의 소유권조차 쥐지 못해

아침은 늘 빈 손으로 찾아오고
나는 그 빈자리에 허기를 쑤셔 넣는다

흰 구름은 아무 말 없이 흐르며
내가 잃어버린 문장 위를 한 번도
걸어 본 적 없는 길처럼 넘나들고
핏줄이 만든 오래된 통로 위로 날아오르다

멈춘 낱말의 종이는
사람들의 무심한 발끝에 밟혀
종잇장보다 얇은 생의 소리를 낸다
나는 가끔 생각한다
시란
손에 쥘 수 없는 것들
구름의 그림자, 빛의 옆구리
스스로도 설명할 수 없는 내 안의 상처 같은 것들이
잠시 형태를 만드는 일일지도 모른다,
그렇게 하여 남는 것은 찬란함도
거대한 의미도 아닌 누군가의 마음이 머물다 간
그런 자리 하나뿐
그 자리에서 다시 태어난 말들은
떠나간 뒤에도

한동안 세상에 머물러 울릴 것만 같아
나는 오늘도 하얀 백지 앞에 앉는다

-「시인」 전문

대부분의 시인이 '시'가 무엇인지, '시인'이 어떤 사람인지, 이른바 메타시(Metapoetry)를 써왔다. 이는 '시에 대한 시, 시 쓰기에 대한 시', '시인의 역할'에 대해 사유함으로써 시와 시인의 정체성을 정립하고자 한다. 이 작품은 시인의 시론적 자기성찰을 탐구한 시편으로 독자적으로도 읽히지만, 동시에 다른 모든 시들이 궁극적으로 어떤 자리("그냥/ 그 자리")를 만들고자 했는지를 설명해주는 일종의 해석 · 주석 역할을 하고 있다. 그러므로 이번 시집에서 작가론적 · 시론적 핵심 텍스트라고 할 수 있다.

첫 행에서 시적 화자는 "앵두로, 살구로 환히 열렸으면 좋으련만"이라는 소망을 드러낸다. 과일은 익음과 풍요, 성공을 나타내는 시적 표지이다. 그러나 곧 "말들은 언제나 몇 개의 점처럼/ 바람처럼 사라져 버린다"고 한다. 여기에서 말은 구체적인 문장이 아니라 냄새를 뜻한다. 점과 냄새라는 이미지는 언어가 형태를 잡기도 전에 흩어진다는 인식을 드러낸다.

시적 화자는 "해 뜨는 자리의 소유권조차 쥐지 못"하고, 아침마다 빈 손으로 시간을 맞는다. 그 빈자리에 "허기를 쑤셔 넣는" 장면은, 시를 쓰는 일이 생계와 무관한 허기를 더하는 행위일 수도 있음을 말한다. "흰구름은 아무 말 없이 흐르며/ 내가 잃어버린 문장 위를 한 번도/ 걸려본 적 없는 길처럼 넘나"든다는 대목에서 구름은 문장 위를 스치되 결코 머무르지 않는다고 함으로써 시인이라는 존재에 대해 해석한다.

4연은 "멈춘 낱말의 종이는/ 사람들의 무심한 발끝에 밟혀/ 종잇장보다 얇은 생의 소리를 낸다"는 시의 종이가 갖는 물질성을 강조한다. 낱말은 종이 속에 멈춰있지만, 종이는 밟히면서도 아주 약한 소리를 낸다. 이것은 시인의 생을 나타내는 소리이다.

"시란/ 손에 쥘 수 없는 것들/ 구름의 그림자, 빛의 옆구리/ 스스로도 설명할 수 없는 내 안의 상처 같은 것들이/ 잠시 형태를 만드는 일"에 이르러 시인은 시를 완전한 진술이 아니라, 잡히지 않는 것들에게 잠시 형태를 허락하는 일로 규정한다. 구름의 그림자, 빛의 옆구리, 상처, 이러한 대상들은 모두 중심이 아니거나 표면이 아니거나, 원인이 파악될 수 없는 것들이다.

그러므로 시가 만들어내는 것은 "찬란함도/ 거대한 의미도 아닌 누군가의 마음이 머물다 간/ 그런 자리 하나뿐"이다. 이 자리는 이 시집에 등장하는 내면의 동백과 초승달의 상처, 접시꽃과 노인과 바다의 빛이 머물렀던 자리와 겹친다.

8. 정적과 시간의 길이

그녀가 문을 열고 들어오면
빛이 먼저 흔들렸다

책을 펼치기 전
손가락에 스치던 마음이
커피 향 속으로 가라앉는다

나는 그 미세한 순간마다
입술을 닫은 채 시간을 되씹는다
마치 오래된 시계의 모습을
손끝으로 더듬는 것처럼

창밖의 사람들은
자신의 그림자를 밟으며 지나가지만
그녀의 페이지를 넘기는 소리만
내 시간의 중심에 머문다

언젠가 우리도
구겨진 그림자처럼 늙어갈 테지만
오늘의 이 부드러운 정적만은
어디에도 흩어지지 않기를

그녀가 책갈피를 천천히 덮을 때
나는 그 손의 움직임이
하루의 끝보다 더 길다고 생각한다

나는 조용히
깊어져 가는 시간을 삼키며 웃었다

-「커피숍」 전문

정관웅의 시편들에서는 보기 드문 도시적 공간을 시적 제재로 다룬 작품이다. 도시적 정서와 시인의 미세한 감각이 어떻게 만나는지를 잘 보여준다. 이 작품에서 관계는 고백이나 사건으로 폭발하지 않고 '조용한 정적'과 '내부 독백'으로만 남는 점이 이 시집 전체에 투사된 윤리성과 호응한다.

작품의 배경인 카페라는 익숙한 공간에서 "그녀가 문을 열고 들어오면/ 빛이 먼저 흔들렸다"는 식으로 빛의 변화를 통해 타자의 도착을 포착하는 점이 섬세하고 예리하다. 화자는 책을 펼치기 전, 손가락 끝을 스친 마음이 "커피 향 속으로 가라앉는다"고, '마음'이라는 정신적 표정을 후각적 이미지인 "커피향"을 통해 지각하는 내밀한 감각으로 인식하는 시인의 상상력이 돋보인다. 뿐만 아니라 "오래된 시계의 모습을/ 손끝으로 더듬는" 시간과 겹치는 표현도 매우 감각적이다. 시간은 숫자가 아니라 시계의 표면을 손가락으로 인식하는 것이다.

"창밖의 사람들은/ 자신의 그림자를 밟으며 지나가지만"에서도 외부 사람들은 각자의 그림자를 밟고 사라진다고 서술한 것과 "그녀의 페이지를 넘기는 소리만/ 내 시간의 중심에 머문다"고 한 대목이 대비를 이루는데, 타인의 그림자는 스쳐가고, 누군가 책장을 넘기는 소리가 시적 화자의 시간을 구성하는 축으로 남는다.

후반부에서 "오늘의 이 부드러운 정적만은/ 어디에도 흩어지지 않기를"이라고 시적 화자의 소망을 나타낸다.

이 작품은 사랑이나 애정을 끝까지 드러내지 않고 대신 “부드러운 정적”이 둘 사이의 관계를 형상화시킨다.

그리고 마지막 연에서 “그 손의 움직임이/ 하루의 끝보다 더 길다고 생각한다”며, 한 번 책갈피를 덮는 손의 행동이 하루의 끝보다 더 길다고 느껴지는 경험은 시간의 객관적 길이가 아니라 감정의 밀도를 측정하는 방식이 된다.

이 작품은 도시의 일상적인 공간인 커피숍을 배경으로, 빛과 향기, 손놀림, 정적, 시간의 길이만으로 두 사람의 관계를 그려낸 것으로, 시인의 예리한 감각의 촉수가 빛난다.

9. 가을 풍경과 발화의 결심

이렇게 쓰고 싶었다
나뭇잎이 익어 자기 색 입던 날
가벼운 바람에도 쓸려갈 수 있고
천천히 흘러내리는 구름이 되어
침묵으로 세상을 스치고 싶었다

가을 땅은 나뭇가지 기우는 길의 붉은 그림자로
조용히 다가왔고
그림자는 한 장씩 삶을 그려냈다
바람에 빛이 된 사람들이
저마다의 그리움을 이끌고 밀려왔다

진실한 그리움이 말을 걸었다

다가서는 발걸음은 망설임이었고
한 사람의 몸을 다 채우고
그 망설임은 나를 일으켜 세웠다
숨기고만 있던 말들이
목 끝에서 햇빛처럼 터져 나왔다

이제 침묵은 용서받지 못한다
한 평 땅조차 가지지 못한 햇빛이라도
빛나는 일은 멈출 수 없다
나는 일어섰다
대지 위에 누워 있던
내 속살에다
하루를 견디는 따뜻한 숨을 심었다

-「침묵은 용서받지 못한다」 전문

정관웅 시인의 이번 시집에서 드물지 않은, 그러나 이 작품에서 가장 응축된 형태로 드러나는 것이 '침묵하지 말 것'이라는 윤리적 요청이다. 시적 화자는 단풍 드는 가을날 "가벼운 바람에도 쓸려갈 수 있고/ 천천히 흘러내리는 구름이 되어/ 침묵으로 세상을 스치고 싶었다"고 진술한다. 가을의 깊은 색채와 조용한 이동 속에서 말하지 않고 지나가고 싶은 욕망을 드러내는 것이다.

그러나 "가을 땅은 나뭇가지 기우는 길의 붉은 그림자로/ 조용히 다가왔고/ 그림자는 한 장씩 삶을 그려냈다"

고 한다. 붉은 그림자와 삶을 그려내는 그림자의 계절과 기억이 겹치는 장면이다. 이후 "바람에 빛이 된 사람들이/ 저마다의 그리움을 이끌고 밀려왔다/ 진실한 그리움이 말을 걸"어온 상황에서 말을 하지 않을 수 없게 된다. 마침내 "망설임"이 "나를 일으켜 세"우자 "숨기고만 있던 말들이/ 목 끝에서 햇빛처럼 터져 나"오기에 이른다. 그런 까닭에 "이제 침묵은 용서받지 못한다"고 단호하게 말한다. 그러므로 시적 화자는 "나는 일어섰다/ 대지 위에 누워 있던/ 내 속살에다/ 하루를 견디는 따뜻한 숨을 심"는 것이다. 숨을 심는 행위는, 세계를 바꾸는 거대한 정치적 언사이기보다, 자신과 대지가 맞닿은 자리에서 하루를 겨우 견디기 위한 최소한의 결심에 가깝다. 이 작품은 가을 풍경과 개인의 내면, 타자의 그리움과 망설이는 발걸음을 한 화면에 올려놓고, 침묵과 발화의 경계를 재조명하고 있다.

10.

살펴본 여덟 편의 작품은 정관웅 시인의 시집 『붉어지는 것들』을 관통하면서도 시인의 시적 세계를 함축하는 대표적인 작품들이다. 작품마다 각각 다른 형식과 내용을 담고 있지만, 검은 바닥의 점과 잿빛 틈의 붉음, 병든 달과 관음의 손, 커피, 접시꽃과 노동의 몸, 겨울길과 눈의 꽃, 바다와 별빛, 빈 종이와 빛의 옆구리, 커피숍과 빛의 떨림, 가을 그림자와 터져 나오는 햇빛이라는 일련의 이미지로 서로 연결된다. 정관웅 시인의 시세계에서 색채와 계절, 노동과 노년, 역사와 언어는 모두 한 방향을 가리킨다. 잡히지 않는 것들, 말로 다 담을 수 없는 것들, 이름을 붙이기 전의 감정들이 잠시 머물다 갈 수 있는 자리를, 가능한 한 정직하고 섬세한 언어로 마련하고 있다.